Ov... ...a
las Chitas

por Kim Whiting

ilustrado por Aleksey Ivanov

Scott Foresman
is an imprint of

Glenview, Illinois • Boston, Massachusetts • Chandler, Arizona
Upper Saddle River, New Jersey

Every effort has been made to secure permission and provide appropriate credit for photographic material. The publisher deeply regrets any omission and pledges to correct errors called to its attention in subsequent editions.

Unless otherwise acknowledged, all photographs are the property of Scott Foresman, a division of Pearson Education.

Illustrations by Aleksey Ivanov

Photograph 16 Associated Press

ISBN 13: 978-0-328-52822-6
ISBN 10:   0-328-52822-6

2 3 4 5 6 7 8 9 10 V0N4 13 12 11 10

Hannah Adams contuvo la respiración. La pelota rebotó con fuerza en el borde del aro y comenzó a girar.

—Anda, entra, entra —susurró Hannah.

Pero la pelota se ladeó y finalmente cayó por fuera. Hannah suspiró. Había fallado de nuevo.

—Inténtalo así —dijo Ellie, e hizo rebotar la pelota en el piso una vez, lanzó y encestó.

—Tú lo haces parecer muy fácil —dijo Hannah—. Pero no lo es.

—No te preocupes —dijo Ellie—. Somos lo suficientemente buenas jugadoras como para demostrárselo al señor Giddings. Lo que realmente necesitamos ahora es a alguien que pueda escribir... y para eso nadie es mejor que tú.

Hannah le sonrió a su amiga. Ellie siempre sabía qué decir para hacerla sentir mejor. Las niñas eran como hermanas, pero muy diferentes.

Hannah era alta, pero no muy elegante cuando corría. A pesar de que quería ser pianista y el básquetbol podía lastimar sus dedos, le encantaban los deportes y siempre trataba de practicarlos. Cuando se trataba de juegos, Hannah no podía quedarse inmóvil.

Ellie, por su parte, era buena en todos los deportes. Se movía rápidamente, como un jugador de básquetbol a punto de ganar una final por una medalla de oro olímpica. De hecho, ése era su apodo: Victoria.

Las dos chicas habían practicado cuidadosamente sus tiros. Deseaban probar que podían jugar al básquetbol tan bien como cualquiera de los chicos. Pero el señor Giddings, su profesor de educación física, no lo creía posible. Era el entrenador del equipo masculino de básquetbol y nunca había buscado chicas para que integraran su equipo ganador. Difícilmente se percataba de ellas y siempre le daba a los chicos más tiempo para practicar durante la clase de educación física.

—Es increíble —dijo un día Victoria, merendando con Hannah y algunas de las chicas.

—¡Ni siquiera nos ve! Podríamos faltar a la clase y no lo notaría.

—¿Cómo pudo no percatarse de ti, Victoria? —exclamó Hannah sorprendida—. Eres mejor que cualquiera de los chicos. Y Lizzie y Charlene son tan buenas como Hakim y Freddy. Tenemos que demostrárselo; tal vez la señorita Clemens pueda ayudarnos.

La señorita Clemens era la directora de la escuela Emberly.

Mientras las chicas hablaban, comenzaron a diseñar un plan.

—Hannah, deberías escribirle una carta a la señorita Clemens —sugirió Victoria—. Si puedes explicarle lo que sucede, con seguridad nos ayudará.

El padre de Hannah era arquitecto y aquella tarde la llevó a un pueblo cercano en donde estaban construyendo una barraca para unos trabajadores. Sentada en la pequeña plaza del lugar, Hannah comenzó a escribir esa importante carta.

Estimada señorita Clemens:

Necesitamos su ayuda. En la clase de educación física, el profesor Giddings presta más atención a los chicos y las chicas sólo nos sentamos a mirar. Queremos que el profesor nos dé una oportunidad. ¿Podría usted, por favor, hablar con él al respecto? Para demostrar qué tan buenas somos, deseamos retar a los chicos a un partido de básquetbol. ¿Podría usted arbitrarlo? Muchas gracias.

Atentamente,

Hannah Adams y las chicas de 4°. Grado

Al día siguiente, en la escuela, Hannah envió la carta. Pasó la mañana nerviosa, esperando una respuesta. ¿Se enojaría la señorita Clemens? ¿Estuvo bien decir aquellas cosas del señor Giddings y de la clase de educación física? Victoria le dijo que no se preocupara, que la señorita Clemens entendería. De pronto, escuchó que la llamaban por el altavoz: "Hannah Adams, por favor dirigirse a la oficina de la directora". Se le hizo un nudo en la garganta, pero Victoria le dirigió una gran sonrisa.

—¡Ve tranquila! —le susurró Victoria.

Hannah se levantó de su silla y caminó lentamente hacia la oficina.

—Gracias por enviarme esta carta —dijo la señorita Clemens, luego de pedirle que se sentara—. Le pregunté al señor Giddings al respecto y se quedó mudo.

"Por supuesto que lo estaba", pensó Hannah. "Él ni siquiera se da cuenta de que excluye a las chicas." Miró a la directora, temiendo ser reprendida.

—El señor Giddings estuvo de acuerdo en organizar un partido de chicos contra chicas —dijo la señorita Clemens con una gran sonrisa—. Y estaré complacida de arbitrarlo.

—¡Guau! —exclamó Hannah sorprendida—. Gracias, señorita Clemens.

Rápidamente las chicas pusieron manos a la obra. Primero buscaron un nombre para el equipo y decidieron que se llamarían Chitas por la velocidad de estos felinos. Luego diseñaron camisetas con el nombre del equipo.

Llegó el día del partido. Sonó el pitazo inicial y la pelota comenzó a moverse por toda la cancha. Al principio las Chitas dominaban el encuentro. Luego los chicos recuperaron la pelota, pero no por mucho tiempo.

El marcador iba 23 a 22 a favor de las chicas. Hakim saltó para hacer un lanzamiento y Hannah lo obstaculizó cometiendo falta. Esto le permitía a Hakim dos tiros libres. Victoria miró a Hannah preocupada. Sólo faltaban treinta segundos para culminar el partido y se habían preparado tan bien que no merecían perder.

Sonó el silbato y Hakim encestó perfectamente, igualando el marcador. Pero en el segundo lanzamiento, la pelota rebotó en el tablero y en el aro. Freddy entró corriendo para ganar el rebote pero, justo en ese momento, apareció Victoria y con un rápido movimiento le ganó en el salto y atravesó la cancha velozmente con el balón. Faltaba sólo un segundo cuando se detuvo y lanzó. Como en la escena final de una película de suspenso, la pelota golpeó el aro, lo rodeó y entró. ¡Las Chitas lo habían logrado! El público aplaudía y las niñas saltaban felices.

El señor Giddings saltó desde las gradas hasta el centro de la cancha. No entendía cómo había desperdiciado tanto talento teniéndolo frente a sus narices.

—¡Las felicito, juegan con la precisión de una orquesta! —exclamó estrechándole la mano a Victoria—. Voy a conformar un equipo mixto en la escuela... ¿estarían las Chitas interesadas?

Victoria le guiñó el ojo a Hannah.

—Si nos permite entrenar durante la clase de educación física —dijo ella.

—Trato hecho —respondió el señor Giddings.

Título IX

Antes de 1972 las mujeres tenían menos oportunidades de practicar deportes que los hombres. Ese año, el gobierno federal aprobó una ley llamada Título IX. Esta ley prohíbe la discriminación de género en las universidades que reciben financiación del gobierno de los Estados Unidos. Como resultado de la nueva ley, las universidades comenzaron a dar mayores oportunidades a las mujeres de pertenecer a equipos deportivos.

Este cambio hizo que el interés de las chicas por el básquetbol aumentara. En 1972, menos de 135,000 mujeres practicaban deportes en la secundaria. Para 1994, ese número se había más que triplicado. Dos años después, en 1996, el equipo femenino de básquetbol de los Estados Unidos ganó una medalla de oro en los Juegos Olímpicos.

El New York Liberty y Los Ángeles Sparks son equipos femeninos de básquetbol profesional.